Impressum
Verlag: BABADADA GmbH, Nedderfeld 112 , 22529 Hamburg
Geschäftsführer / Verlagsleitung: Harald Hof
Druck: Books on Demand GmbH, In de Tarpen 42, 22848 Norderstedt

Imprint
Publisher: BABADADA GmbH, Nedderfeld 112 , 22529 Hamburg, Germany
Managing Director / Publishing direction: Harald Hof
Print: Books on Demand GmbH, In de Tarpen 42, 22848 Norderstedt, Germany

feccude
ділити

186/2

balal binndi
дошка

suudu jangirdu
класна кімната

hakkunde ekkol
шкільний двір

janginoowo
вчитель

kaayit
папір

windude
писати

kuɗol
ручка

biro
письмовий стіл

reegal
лінійка

deftere
книга

almuudo
учень

kartaabal
ранець

moftirdo kereyonji
пенал

kereyo
олівець

ceebnirgel kereyon
точило

momtirgel
гумка

alluwal ciifirgal
альбом для малювання

ciifgol

малюнок

limsere pentirteeɗo

пензель

suwo pentirɗo

коробка фарб

sisooji

ножиці

ɗakkorgal

клей

deftere ekkorgal

зошит

golle janŋde

домашнє завдання

12

niimara

число

2+2

beydude

додавати

5-2

ustude

віднімати

2×2

beydude keeweendi

множити

qimaade

рахувати

A

bataake

літера

ABCDEFG HIJKLMN OPQRSTU VWXYZ

karfeeje

абетка

kongol

слово

bindol

текст

jangude

читати

bindirgal

крейда

darsu

година

winditaade

класний журнал

egsame

екзамен

sartifika

диплом

comcol duɗal

шкільна форма

janŋde

освіта

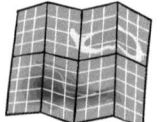

ansikolopedi

лексикон

duɗal jaaɓi haɗtirde

університет

mikoroskop

мікроскоп

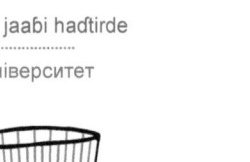

kartal

карта

suwo kurjut

кошик для паперу

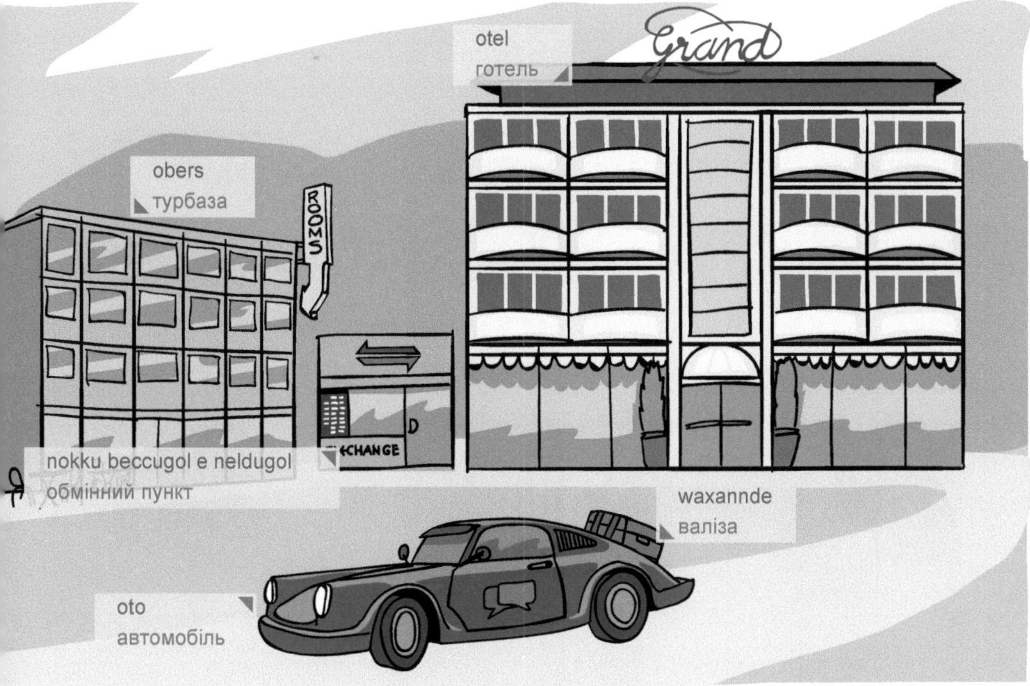

otel
готель

obers
турбаза

nokku beccugol e neldugol
обмінний пункт

waxannde
валіза

oto
автомобіль

ɗemngal
мова

Eey / ala
так / ні

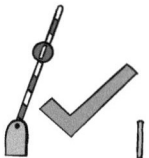

Moƴƴi
добре

mbaɗɗa
привіт

pirtoowo
перекладач

A jaraama
дякую

no foti...?

Скільки коштує ...?

Mi faamaani

Я не розумію

hanmi

проблема

Jam hiri!

Добрий вечір!

Jam waali!

Доброго ранку!

Mbaalen e jam!

На добраніч!

ñande woɗnde

До побачення

laawol

напрямок

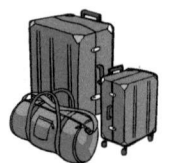

bagaas

багаж

saawdu

сумка

saawdu wambateendu

рюкзак

koɗo

гість

suudu

кімната

njegenaaw

спальний мішок

caalel ladde

намет

kabaruuji tuurist

туристична інформація

tufnde

пляж

kartal banke

кредитна картка

kacitaari

сніданок

bottaari

обід

hiraande

вечеря

biye

квиток

suutde

ліфт

tampon

поштова марка

keerol

межа

duwaan

митниця

ambasad

посольство

wiisa

віза

paaspoor

паспорт

транспорт

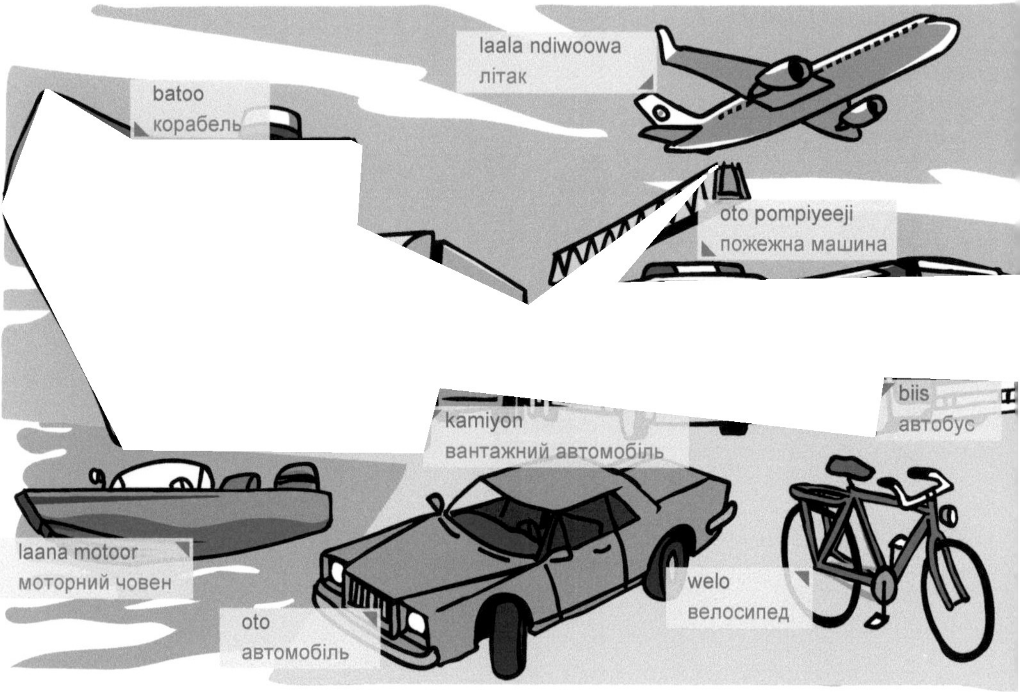
laala ndiwoowa
літак
batoo
корабель
oto pompiyeeji
пожежна машина
kamiyon
вантажний автомобіль
biis
автобус
laana motoor
моторний човен
oto
автомобіль
welo
велосипед

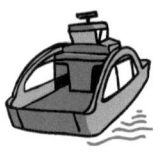

batoo
....
пором

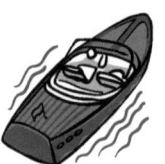

laana
....
човен

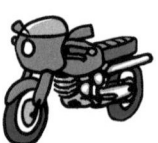

welo
....
мотоцикл

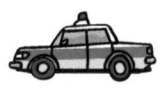

oto polis
....
поліцейська машина

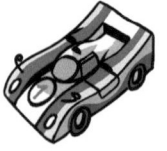

oto dogirteeɗo
....
гоночний автомобіль

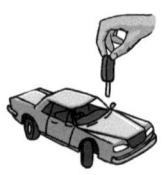

oto luwateeɗo
....
автомобіль на прокат

dendugol oto

спільне користування авто

oto dandoowo goɗɗo

евакуатор

oto kurjut

сміттєвоз

motoor

двигун

karbiran

паливо

nokku esaans

автозаправна станція

tintinooje yaangarta

дорожній знак

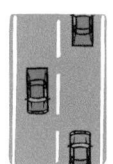

yaa ngarta

рух

jiibo yaa ngarta

затор

dingiral otooji

стоянка

dingiral laana leydi

вокзал

laabi

рейки

laana leydi

потяг

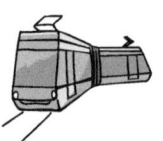

laana ndegoowa

трамвай

saret

вагон

elikopteer

гелікоптер

ayrepoor

аеропорт

tuur

вежа

wonɓe e laana

пасажир

konteneer

контейнер

karton

коробка

duñirgel kaake

візок

basket

кошик

diwde / juuraade

стартувати / приземлятися

МІСТО

wuro

село

hakkunde wuru wowngo

центр міста

galle

дім

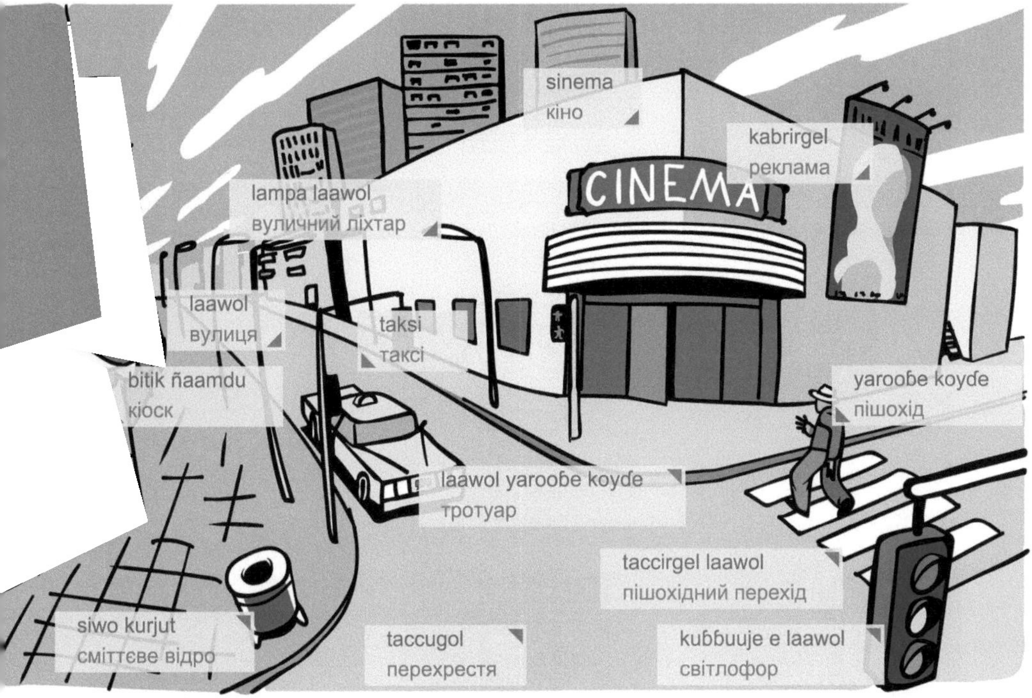

sinema
кіно

kabrirgel
реклама

lampa laawol
вуличний ліхтар

laawol
вулиця

taksi
таксі

yarooɓe koyɗe
пішохід

bitik ñaamdu
кіоск

laawol yarooɓe koyɗe
тротуар

taccirgel laawol
пішохідний перехід

siwo kurjut
сміттєве відро

taccugol
перехрестя

kubɓuuje e laawol
світлофор

tiba

хатина

ko foti

квартира

dingiral laana leydi

вокзал

meeri

ратуша

miise

музей

duɗal

школа

duɗal jaaɓi haɗtirde

університет

banke

банк

suudu safirdu

лікарня

otel

готель

farmasi

аптека

gollirgal

офіс

suudu defte

книжковий магазин

bitik

магазин

jeyoowo fuloraaji

квітковий магазин

sipermarse

супермаркет

jeere

ринок

madase mawɗo

універмаг

jeyoowo liɗɗi

торговець рибою

nokku coodateeɗo

торговельний центр

poor

гавань

park

парк

jooɗorgal

лава

taccirgal

міст

ŋabbirɗe

сходи

laawol metero

метро

laawul les leydi

тунель

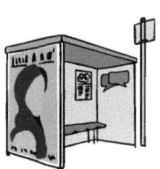

fongo biis

автобусна зупинка

baar

бар

restora

ресторан

buwaat postaal

поштова скринька

lewñowel laawol

вулична табличка

to otooji ndaroto

лічильник паркування

nokku kullon

зоопарк

pisin

басейн

jama

мечеть

ngesa

ферма

gakkingol hendu

забруднення
навколишнього
середовища

bammule

кладовище

egiliis

церква

dingiral

дитячий майданчик

tampl

храм

ландшафт

baramlefol
листок

tugayal tintinirgal
вказівний стовп

laawol
шлях

Huɗo sukkuko
луг

haayre
камінь

lekki
дере

ŋayloowo
мандрівник

maayo
річка

huɗo
трава

fuloor
квітка

nokku kaañe mawɗe to
ndiyam dogata
....
долина

waande
....
гора

weedu
....
озеро

ladde
....
ліс

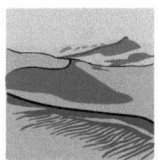

ladde yoornde
....
пустеля

wolkan
....
вулкан

satoo
....
замок

timtimol
....
веселка

sampiñon
....
гриб

leki palm
....
пальма

ɓowngu
....
комар

diwde
....
муха

njabala
....
мурашка

mbuubu ñaak
....
бджола

njabala
....
павук

hoowoyre keppoore

жук

faabru

жаба

doomburu ladde

вивірка

sammunde

їжак

fowru

заєць

pubbuɓal

сова

colel

птах

kakeleewal ladde

лебідь

mbabba tugal

кабан

lella

олень

Nagge nde galladi cate

лось

baraas

гребля

masiŋel battowel hendu
jeynge

вітряк

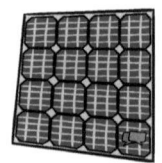

Lowowel nguleeki

сонячний модуль

kilima

клімат

carwoowo
офіціант

meni
меню

joodorgal
стілець

suppu
суп

pidsa
піца

gede ñaamirteede
столові прилади

limsere taabal
скатертина

tongitirgel
закуска

ñaamdu nguraandi
друга страва

tuftorogol
десерт

njaram
напої

ñaamdu
їжа

butel
пляшка

fast fud

фаст-фуд

ñaamdu laawol

вулична їжа

baraade

чайник

cupayel suukara

цукорниця

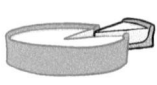

geɗel

порція

Masinŋ kafe

еспресо-машина

jooɗorgal toowngal

високий стільчик

biye

рахунок

ñorgo

піднос

paaka

ніж

furset

вилка

kuddu

ложка

nokkere kuddu

чайна ложка

sarbet

серветка

weer

склянка

restora - ресторан

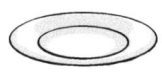

palaat

тарілка

palaat suppu

тарілка для супу

cupayel

блюдце

soos

соус

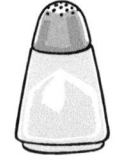

pot lamđam

солонка

moññirgal poobar

млин для перцю

bineegara

оцет

nebam

масло

kaađnooje

спеції

ketsap

кетчуп

muttard

гірчиця

mayonees

майонез

супермаркет

ngustugul coggu
пропозиція
FOR
kiliyaan
клієнт
kosameeje
молочні продукти
ɓikkon leɗɗe
фрукти
daasirgel
візок для покупок

BUTCHERS

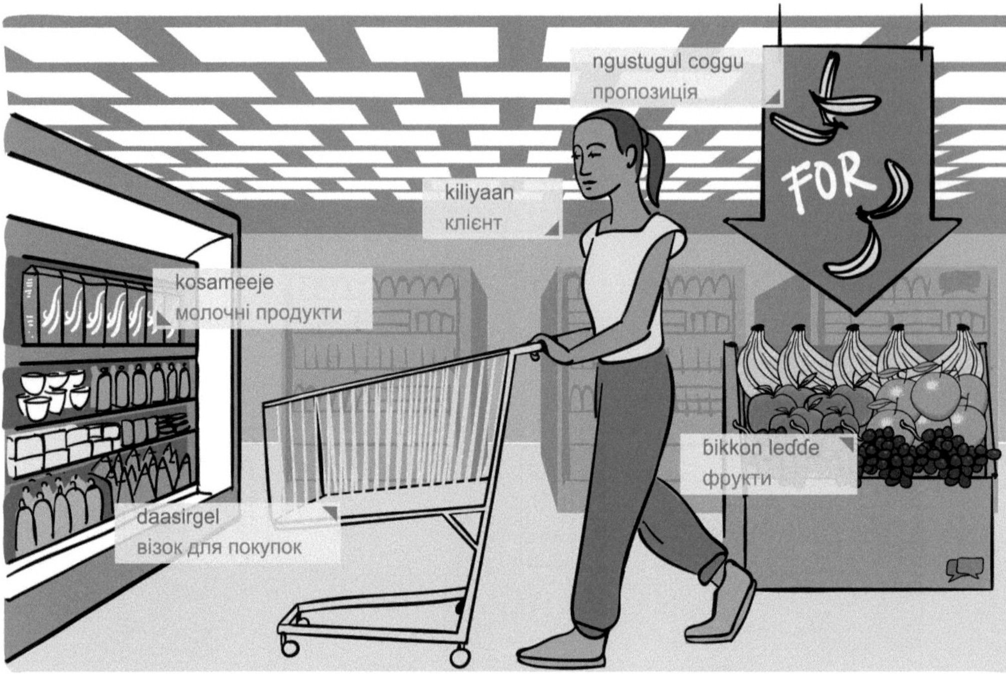

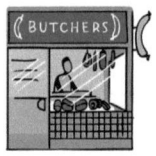

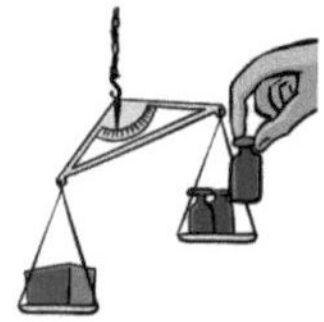

jeyoowo teew nagge

м'ясний магазин

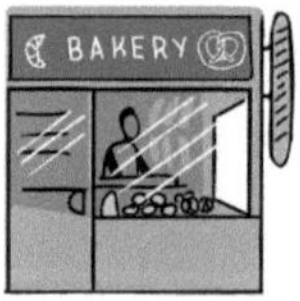

BAKERY

juɗoowo mburu

пекарня

ɓetde

зважувати

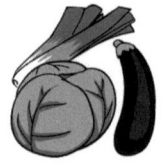

lijim

овочі

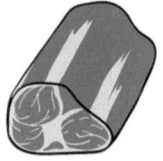

teew

м'ясо

ñaamdu ɓumnaandu

заморожені продукти

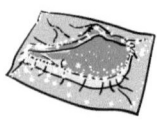

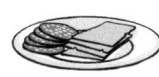

teew moftaaɗo

ковбасна нарізка

ñaamdu nder buwat

консерви

condi lawyirteendu

пральний порошок

bonboonji

солодощі

geɗe ngurdaaɗe

предмети домашнього побуту

porodiwiiji laaɓnirni

мийний засіб

julaaajo

продавщиця

haa

каса

kestotooɗo

касир

limto coodateeɗi

список покупок

waktuuji golle

часи роботи

kalbe

гаманець

kartal banke

кредитна картка

saak

сумка

saak dalli

поліетиленовий пакет

ndiyam

вода

njaram

сік

kosam

молоко

ẏulmere

кола

sangara

вино

sangara

пиво

sangara

алкоголь

kakao

какао

ataaya

чай

kafe

кава

kafe jon jooni

еспресо

kafe italinaaɓe

капучіно

banaana

банан

pom

яблуко

oraas

апельсин

dende

кавун

limonŋ

лимон

karot

морква

laay

часник

lekki bambu

бамбук

basalle

цибуля

sampiñon

гриб

gerte

горішки

espageti

локшина

espageti

спагеті

maaro

рис

salaat

салат

firit

картопля фрі

faatat cahaaɗo

смажена картопля

pidsa

піца

amburgeer

гамбургер

sandiwis

бутерброд

buhal baddangal e lijim

шніцель

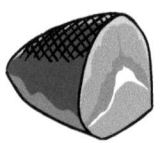

buhal teew

шинка

kaane biyeteeɗo sosison

салямі

sosis

ковбаса

gertogal

курка

defaɗum

печеня

liingu

риба

ndefu gabbe kuwakeer

вівсяні пластівці

njilbundi aɓuwaan e gabbe goɗɗe

мюслі

kornfelek

кукурудзяні пластівці

farin

борошно

kurwasa

круасан

pe o le

булочка

mburu

хліб

mburu juɗaaɗo

тостовий хліб

mbiskit

печиво

nebam boor

масло

kosam kaaɗɗam

сир

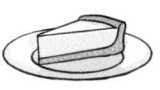

gato

пиріг

boccoonde

яйце

moccoonde fasnaande

яєчня

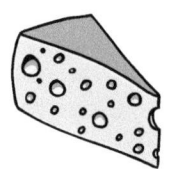

foromaas

сир

kerem galaas

морозиво

suukara

цукор

njuumri

мед

teew nagge

мармелад

nirkugol sokkola

нуга-крем

suppu kaane

карі

galle nder ngesa
сільський будинок

mahande huɗo
солом'яні тюки

cukalel
комора

ngesa
поле

puccu
кінь

reemorki
причіп

tarakteer
трактор

molu
лоша

mbabba
віслюк

mbaalu
вівця

jawgel
ягня

ndamdi

коза

nagge

корова

mbeewa

теля

mbabba tugal

свиня

bingel mbabba tugal

порося

ngaari ladde

бик

jarlal ladde

гусак

gerlal

качка

cofel

курча

jarlal

курка

ngori

півень

doomburu

щур

ullundu

кіт

doomburu

миша

nagge

віл

rawaandu

собака

nokku dawaaɗi

собача будка

tiwo sardin

садовий шланг

doosirgal

лійка

wofdu mawndu

коса

masinŋ demoowo

плуг

wofdu

серп

coppirgal

мотика

rato

вила

hakkunde

сокира

buruwet

тачка

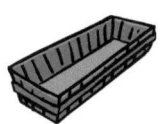

mbalka

корито

kosam buwat

бідон молока

saak

мішок

kalasal galle

паркан

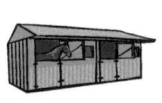

nokku pucci

хлів

inexistant

теплиця

leydi

ґрунт

abbere

насіння

nguurtinooje leydi

добриво

masinŋ coñirteeɗo

комбайн

soñde

пожинати

soñde

урожай

ñambi

корінь ямсу

bele

пшениця

soja

соя

faatat

картопля

maka

кукурудза

abbere lekki kolsa

ріпак

lekki firwiiji

плодове дерево

ñambi

маніок

sereyaal

злаки

ngesa - ферма

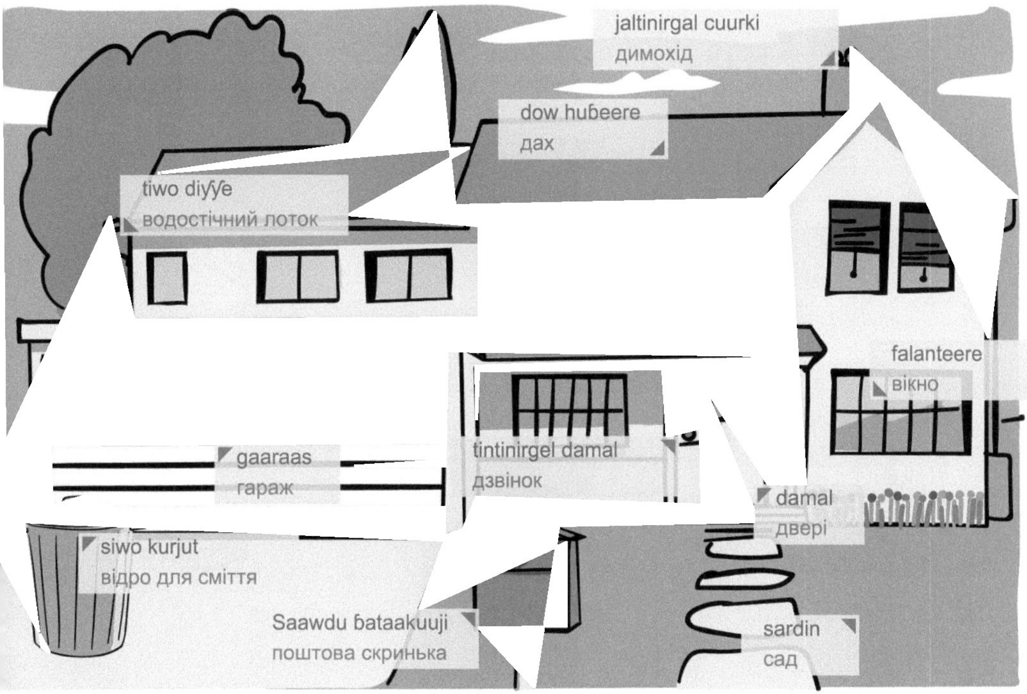

jaltinirgal cuurki
димохід

dow hubeere
дах

tiwo diyýe
водостічний лоток

falanteere
вікно

gaaraas
гараж

tintinirgel damal
дзвінок

damal
двері

siwo kurjut
відро для сміття

Saawdu bataakuuji
поштова скринька

sardin
сад

suudu yeewtere
вітальня

tarodde
ванна кімната

waañ
кухня

suudu waalduru
спальня

suudu sakaaɓe
дитяча кімната

suudu hiraande
їдальня

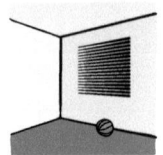

karawal

підлога

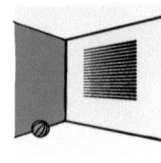

balal

стіна

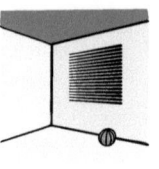

asamaan suudu

стеля

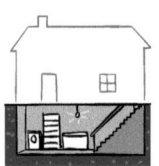

faawru

підвал

soona e ɗemngal farase

сауна

balko

балкон

teeraas

тераса

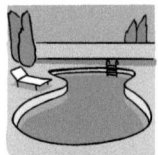

pisin

басейн

keefoowo huɗo

косарка

darap

простирало

darap

ковдра

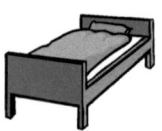

leeso

ліжко

pittirgal

мітла

suwo

відро

ñifirgel

перемикач

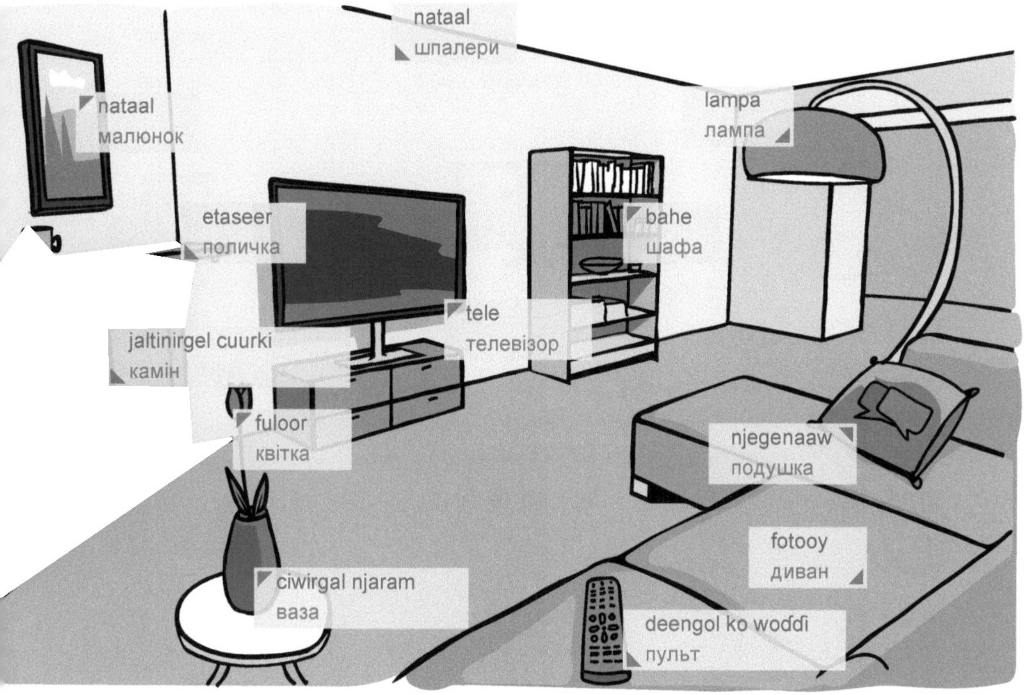

nataal
шпалери

nataal
малюнок

lampa
лампа

etaseer
поличка

bahe
шафа

tele
телевізор

jaltinirgel cuurki
камін

fuloor
квітка

njegenaaw
подушка

fotooy
диван

ciwirgal njaram
ваза

deengol ko wodɗi
пульт

tappi
....
килим

rido
....
завіса

taabal
....
стіл

jooɗorgal
....
стілець

jooɗorgal timmungal
....
крісло-гойдалка

jooɗorgal tuggateengal
....
крісло

deftere

книга

cuddirgal

ковдра

jooɗnugol

прикраса

leɗɗe kuɓɓateeɗe

дрова

filmo

фільм

materiyel hi-fi

стереосистема

coktirgal

ключ

kaayit kabaruuji

газета

pentirgol

картина

posteer

плакат

rajo

радіо

teskorgel

блокнот

boɗowel pusiyeer

пилосос

kaktis

кактус

sondel

свічка

buubnirgal
холодильник

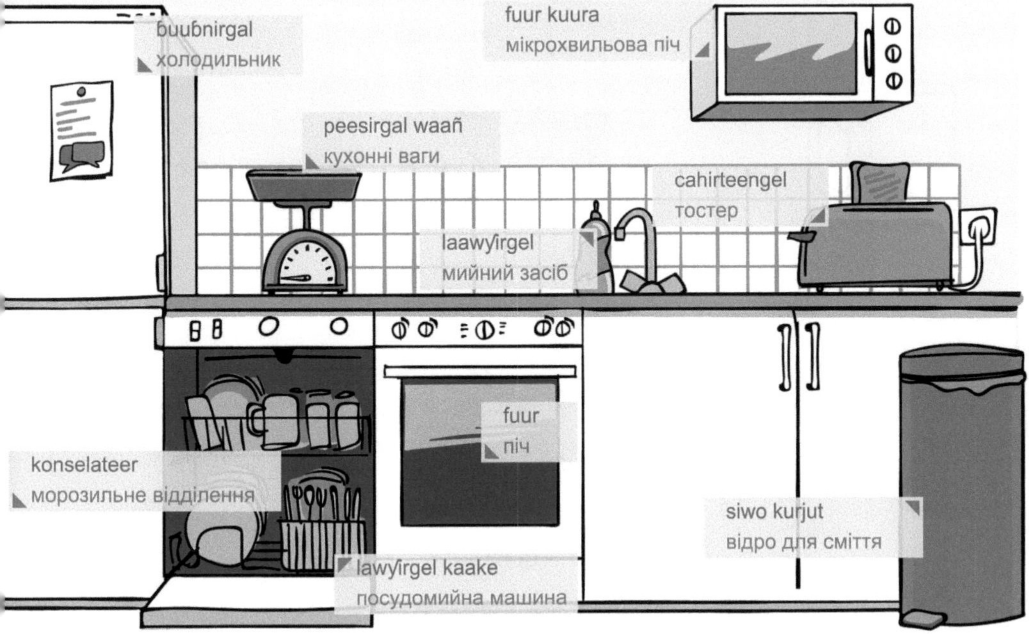

fuur kuura
мікрохвильова піч

peesirgal waañ
кухонні ваги

cahirteengel
тостер

laawyirgel
мийний засіб

fuur
піч

konselateer
морозильне відділення

siwo kurjut
відро для сміття

lawyirgel kaake
посудомийна машина

fuurno	**pot**	**barme**
плита	горщик	чавунний горщик
kasorol	**kasorol**	**satalla**
вок / кадай	сковорода	чайник

suppere defirteende

пароварка

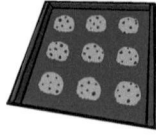

pool defirteeɗo

лист

lawyugol kaake

посуд

pot jarduɗo

кухоль

suppeere

чаша

ñibirgon ñaamdu

палички для їжі

kuddu luus

черпак

kayit ɗakirteeɗo

лопатка

iirtude

вінчик для збивання

ceɗirgel

сито

tame

сито

keefirgel

терка

moññirgal

ступка

juɗgol

барбекю

jeyngol e henndu

багаття

coppirgal

дошка

degnirgel ñaamdu feewnateendu

качалка

udditirgel butel

штопор

buwaat

конзерва

udditirgel buwat

відкривачка

nangirgel pot

прихватки

siimtude

раковина

boros

щітка

eppoos

губка

jiibirgel

міксер

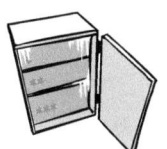

battowel galaas

морозильна камера

jardugel tiggu

дитяча пляшка

robine

кран

ванна кімната

gulnirgel suudo
опалення
momtirgel
рушник
lootogol
душ
birnirgel lootorgal
душова завіса
lootogol e ngufu
пiниста ванна
ngaska buftorteengo
ванна
masinŋ lootnoowo
пральна машина
kette senge
плитка
potsamburu
горшок
weer
склянка
robine
кран
siimtude
раковина

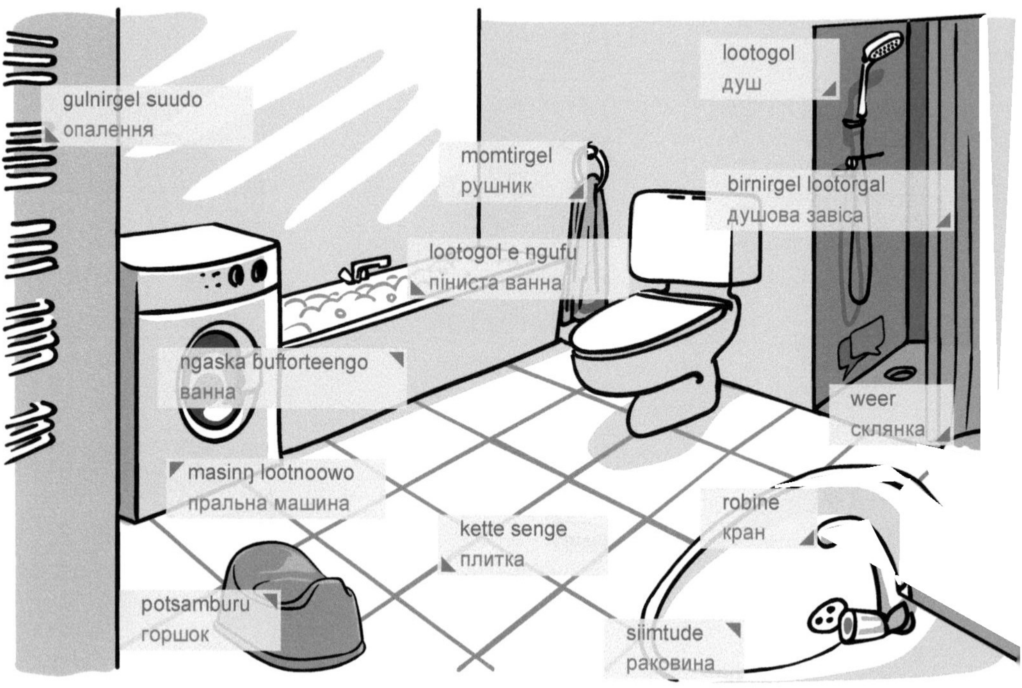

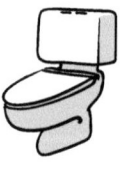

taarorde

туалет

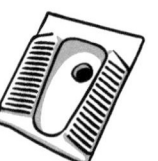

joɗorgal kuwirteengal

підлоговий туалет

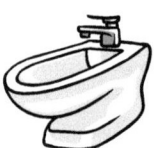

biisirgel ndiyam

біде

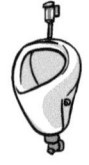

taarodde

пісуар

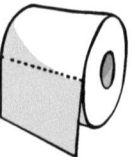

kaayit momtirɗo

туалетний папір

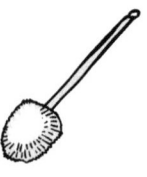

boros taarorde

щітка для туалету

coccorgal ƴiiye

зубна щітка

sabunde ƴiiye

зубна паста

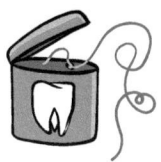

gaarowol ñiire

нитка для чищення зубів

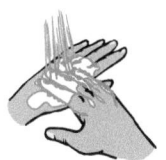

lawƴude

мити

ɓoggol lootirteengol

ручний душ

buftogol

інтимний душ

loowirteengel

таз

demirgel huɗo

щітка для спини

sabunnde

мило

saabunde ɓuftorteende

гель для душу

sampoye

шампунь

limsere wiro

мочалка

ciiygol

водостік

kerem

крем

uurnirgel

дезодорант

daandorgal

дзеркало

daandorgal pamoral

косметичне дзеркало

pembirgel

бритва

ngufu pembol

піна для гоління

moomiteengel pembol

лосьйон після гоління

yeesoode

гребінь

boros

щітка

joornirgel sukunndu

фен

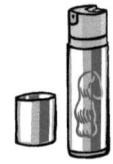

peewnirgel sukunndu

лак для волосся

makiyaas

косметика

joodirgel toni

губна помада

momtirgel cegeneeji

лак для нігтів

garowol wiro

вата

siso cegeneeji

ножиці для нігтів

parfon

парфум

waxande lootorgal

косметичка

kuudi

табурет

peesirgal

ваги

wutte cuftorteeɗo

халат

gaŋuuji dalli

гумові рукавички

momtirer ƴiiƴam ella

тампон

kuus tiggu

гігієнічні прокладки

lootogol simik

біотуалет

дитяча кімната

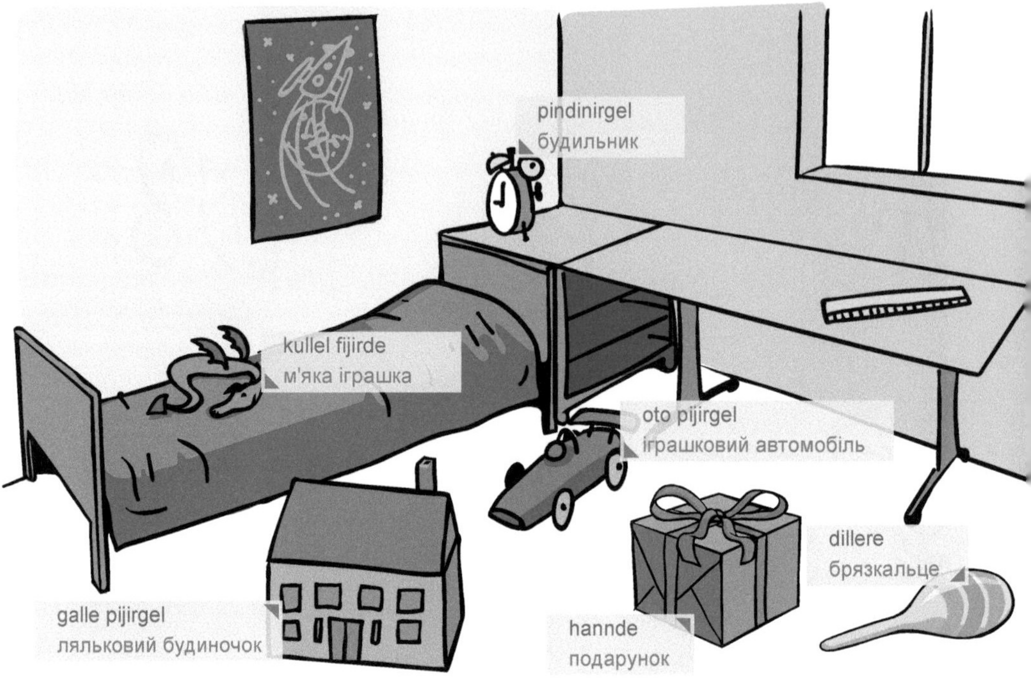

pindinirgel
будильник

kullel fijirde
м'яка іграшка

oto pijirgel
іграшковий автомобіль

dillere
брязкальце

galle pijirgel
ляльковий будиночок

hannde
подарунок

sumalle dalli

повітряна кулька

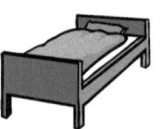

leeso

ліжко

duñirgel tiggu

дитячий візок

nokkere karte

картярська гра

fijirde lombondirgol

пазл

njalniika

комікс

pijirgel tuufeeje

лего цеглинки

tuufeeje

блоки

pijirgel

іграшкова фігурка

comcol tiggu

повзунки

palaat diwwoow

фризбі

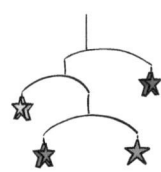

noddirgel

мобіле

pijirgel

настільна гра

dee

кубик

ñemtinirgel laana ndegoowa

модель залізнична станція

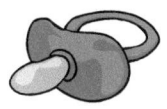

neɗɗo fuuunti

соска

fijirde

вечірка

deftere nate

книжка з картинками

bal

м'яч

puppe

лялька

fijde

грати

mbalka ceenal

пісочниця

beeltirgal

гойдалка

pijirgel

іграшка

pijiteengel see widewo

гральна консоль

welo biifi tati

триколісний велосипед

pijirgel kullel urs

плюшевий мішка

armuwaar

шафа

ОДЯГ

kawase

шкарпетки

kawase

панчохи

tuubayon bittukon

колготки

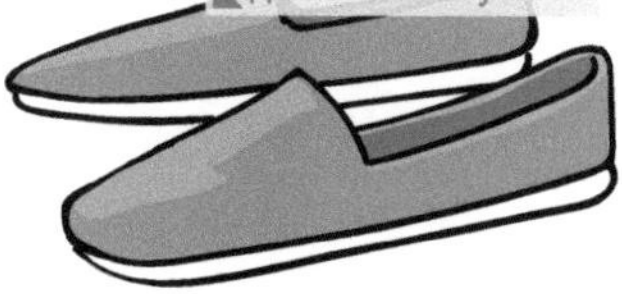

musuuro
шарф

dadorde
ремінь

paraseewal
парасоля

tiset
футболка

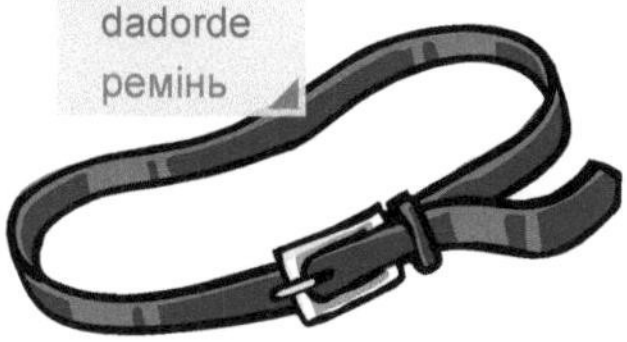

pađe toowđe
чоботи

pađe suudu
домашнє взуття

pađe bokkateeđe
кросівки

pađe diwa
....
сандалі

pađe
....
взуття

pađđe toowđe lirotoođe
....
гумові чоботи

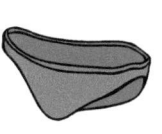

cakkirđi
....
труси

sucengors
....
бюстгальтер

silet
....
нижня сорочка

banndu

боді

tuuba

штани

jiin

джинси

robbo

спідниця

buluson

блузка

simis

сорочка

piliweer

пуловер

weste nebbu

светр

layset

піджак

jaget

куртка

weste juuɗɗo

пальто

wutte tobo

дощовик

kostim

костюм

robbo

сукня

robbo yange

весільна сукня

weste

костюм

wutte baalduɗo

нічна сорочка

pijama

піжама

sari

сарі

muusooro

головна хустка

kaala

чалма

kaala

бурка

sabndoor

кафтан

abbaay

абая

comcol lumbirogol

купальник

cakkirɗi

плавки

kilot

шорти

joogin

тренувальний костюм

limsere deffowo

фартух

gaŋuuji

рукавички

boɗɗirgel

гудзик

lone

окуляри

jawo

браслет

cakka

ланцюг

feggere

кільце

hootonde

сережка

laafa

шапка

liggirgal weste

плічка

laafa

капелюх

karawat

краватка

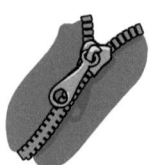

zip

застібка-блискавка

laafa ndeenka

шолом

gannŋ

підтяжки

comcol duɗal

шкільна форма

iniform

уніформа

sarbetel daande

нагрудник

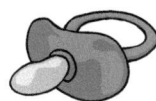

neɗɗo fuuunti

соска

kuus

підгузок

serveer
сервер

baxane doodiyeeji
шаф для документів

jaltinirgel kaayit
принтер

kaayit
папір

ekaran
монітор

biro
письмовий стіл

suuri
миша

caawiirgel doosiyeeji
папка

tappirde
синтезатор

suwo kurjut
кошик для паперу

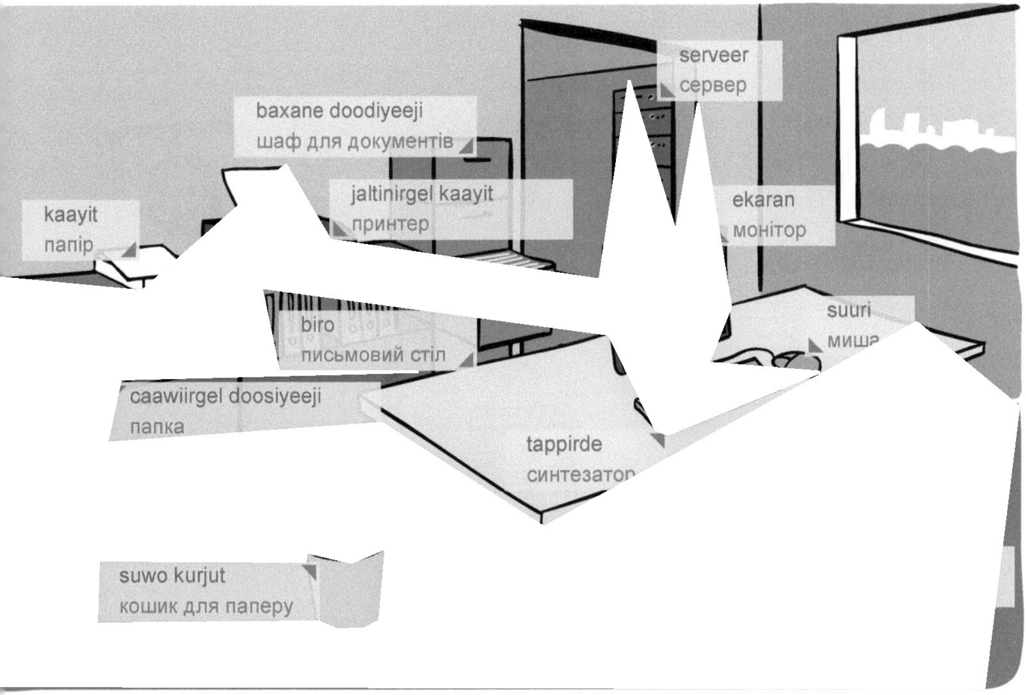

kuppu kafe

кавовий кухоль

qiimorgal

калькулятор

enternet

інтернет

ordinateer beelnateeɗo

ноутбук

bataake

лист

bataake

повідомлення

noddirgel

мобільний телефон

reso

мережа

cottitirgel

копіювальний пристрій

losisiyel

програмне забезпечення

noddirgel

телефон

ceŋirgel ɓoggol kuura

розетка

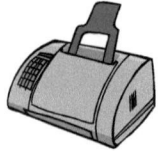

masinŋ faks

факс

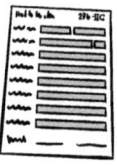

mbaadi

бланк

dokiman

документ

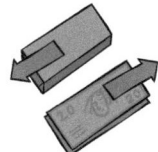

soodde

купувати

soodde

платити

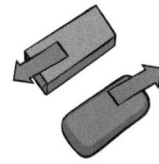

yeyde

торгувати

kaalis

гроші

dolaar

долар

eroo

євро

yen

ієна

ruubal

рубль

faran Siwis

франк

yuwaan renminbi

юанів женьміньбі

rupii

рупія

masinŋ keestorɗo kaalis

банкомат

nokku beccugol e neldugol

обмінний пункт

kanŋe

золото

kaalis

срібло

esaans

нафта

sembe

енергія

coggu

ціна

kontara

контракт

taks

податок

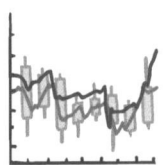

marsandiss moftaaɗo

акція

gollude

працювати

gollinteeɗo

працівник

gollinoowo

роботодавець

isin

фабрика

bitik

магазин

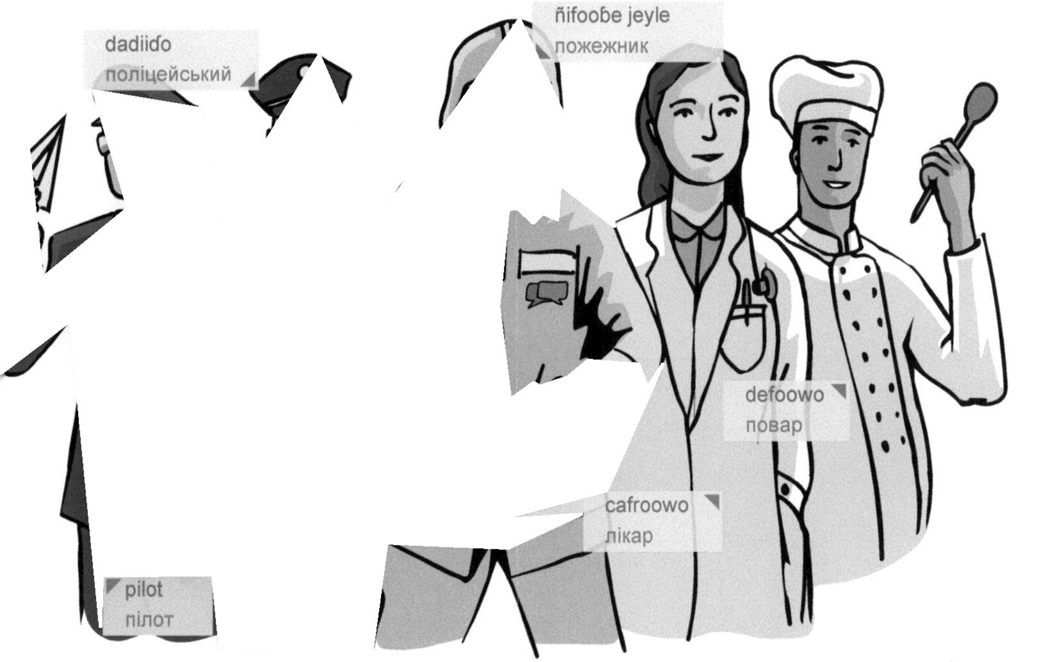

dadiiɗo
поліцейський

ñifoobe jeyle
пожежник

defoowo
повар

cafroowo
лікар

pilot
пілот

toppitiiɗo sardin
садівник

minise
столяр

ñootoowo
швачка

ñaawoowo
суддя

simist e ɗemngal farayse
хімік

aktoor
актор

dognoowo biis

водій автобуса

dognoowo taksi

таксист

gawoowo

рибалка

pittoowo

прибиральниця

cengirɗe huɓeere

покрівельник

carwoowo

офіціант

daddoowo

мисливець

pentiroowo

художник

piyoowo mburu

пекар

gollowo kuura

електрик

mahoowo

будівельник

enseñeer

інженер

jeyoowo teew keso

забійник

polombiyer

бляхар

nawoowo ɓatakuuji

листоноша

kooninke

солдат

diidoowo ɓahanteeri

архітектор

kestotooɗo

касир

jeyoowo fuloraaji

флорист

mooroowo

перукар

dognoowo

кондуктор

mekanisiyenŋ

механік

kapiteen

капітан

cafroowo ƴiiƴe

дантист

miijotooɗo

вчений

kellifaaɗo diine to israayel

рабин

imaam

імам

muwaan e e ɗemngal farayse

монах

kellifaaɗo diine heerereeɓe

пастор

інструменти

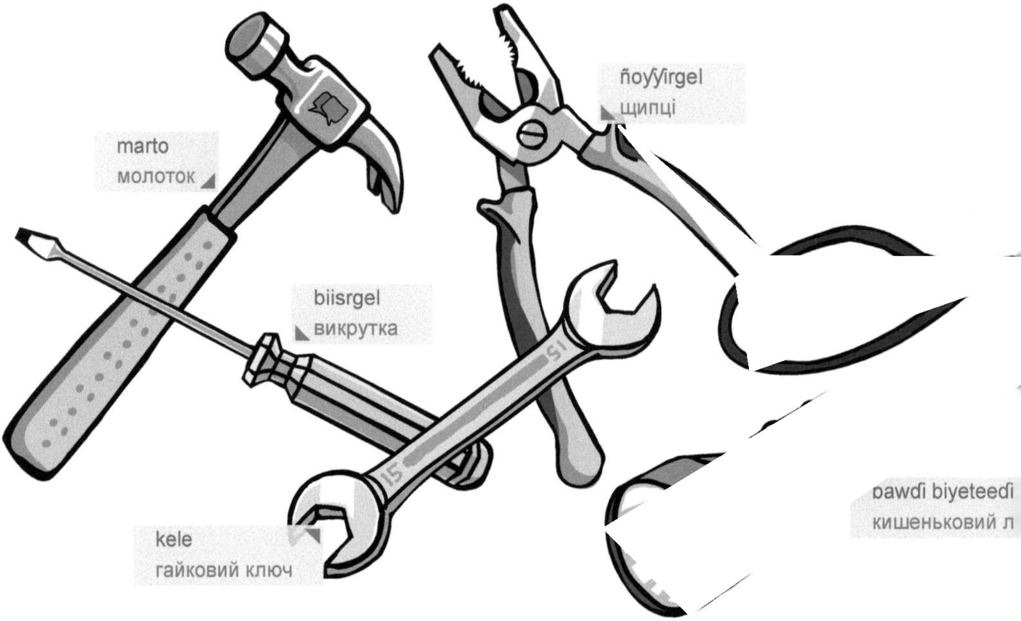

ñoyƴirgel
щипці
marto
молоток
biisrgel
викрутка
kele
гайковий ключ
pawɗi biyeteeɗi
кишеньковий л

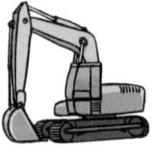

pikku

екскаватор

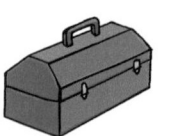

baxanel kaɓorɗe

ящик для інструментів

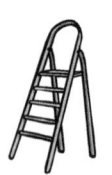

ŋabbirgal

драбина

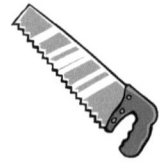

taƴirgal

пилка

ƴibirɗe

цвяхи

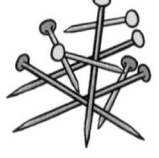

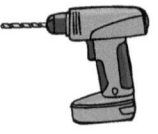

julirgal

свердло

fewnitde

ремонтувати

nokkirgel

лопата

Soo!

лайно!

boftirgel kurjut

совок

pot penttiir

відро з фарбою

wiisuuji

гвинти

музичні інструменти

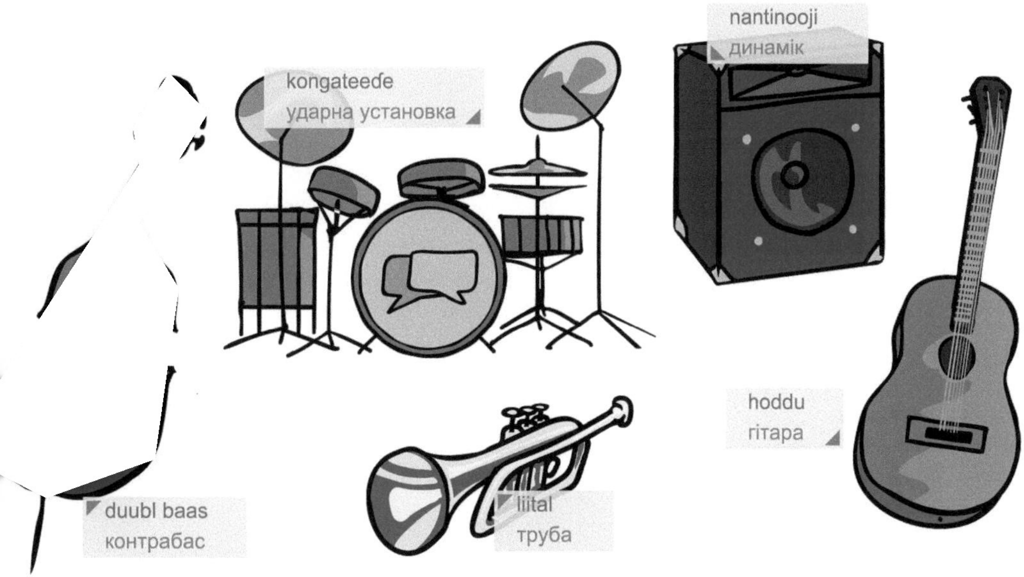

kongateeɗe
ударна установка

nantinooji
динамік

hoddu
гітара

duubl baas
контрабас

liital
труба

piayaano

фортепіано

wiyolon

скрипка

baas

бас

bowɗi biyeteeɗi timpani

литаври

bawɗi

барабан

tappirgal

клавіатура

saksofoon

саксофон

nguurdu

флейта

mikoro

мікрофон

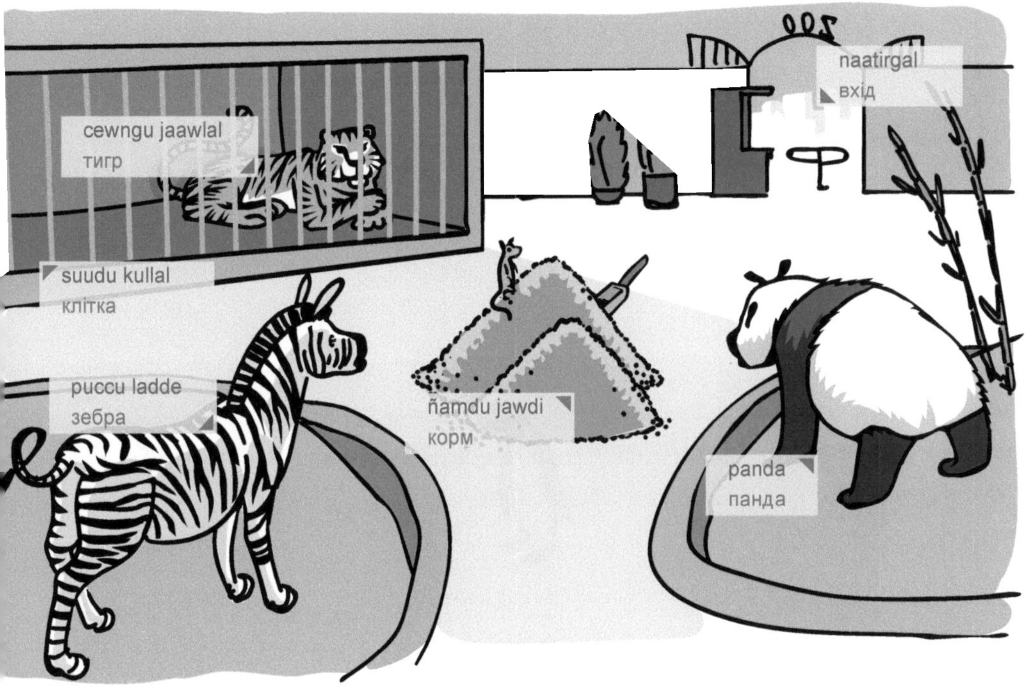

cewngu jaawlal
тигр

naatirgal
вхід

suudu kullal
клітка

puccu ladde
зебра

ñamdu jawdi
корм

panda
панда

kulle

тварини

ñiiwa

слон

kanguru

кенгуру

rinoseros

носоріг

waandu mowndu

горила

urs

ведмідь

ngelooba

верблюд

sundu burndu mownude

страус

mbaroodi

лев

waandu

мавпа

ñaaral pural

фламінго

seku

папуга

urso galaas

білий ведмідь

liingu wiyeteendu penguwe

пінгвін

lingu reke

акула

ndiwri wiyeteendu pawon

павич

laadoori

змія

nooro

крокодил

deenoowo zoo

працівник зоопарку

togoori ndiyam wiyeteendu
fok e farayse

тюлень

cewngu

ягуар

molu

поні

cewngu

леопард

ngabu

гіпопотам

njabala

жираф

ciilal

орел

mbabba tugal

кабан

liingu

риба

heende

черепаха

kullal biyeteengal morse

морж

renaar

лисиця

lella

газель

Fuggukoyngel Amerknaabe
американський футбол

dognugol welo
їзда на велосипеді

tenis
теніс

beysbol
баскетбол

lumbagol
плавання

boks
бокс

fuggukoyngel e galaas
хокей

Fuggukoyngel

футбол

badminton

бадмінтон

atelettuuji

легка атлетика

hanbol

гандбол

fijirɗe deggol e nees

лижні перегони

polo

поло

diwde
стрибати

buucaade
обіймати

jalde
сміятися

yaade
йти

yimde
співати

hoydîtaade
мріяти

juulde
молитися

buucaade
цілувати

windude
писати

siifde
малювати

hollude
показувати

duñde
тиснути

rokkude
давати

yettude
брати

deñde

мати

waɗɗe

робити

wonde

бути

ummaade

стояти

dogde

бігати

fooɗde

тягнути

weddaade

кидати

yande

падати

fende

лежати

sabbaade

очікувати

roondaade

носити

jooɗaade

сидіти

boornaade

одягати

ɗaanaade

спати

finde

просипатися

ẏeewde

дивитися

woyde

плакати

helde

гладити

yeesaade

розчісувати

haalde

розмовляти

faamde

розуміти

naamnaade

питати

heɗaade

слухати

yarde

пити

ñaamde

їсти

hawrinde

прибирати

yiɗde

любити

defde

варити

dognude

їхати

diwde

літати

awyůde

йти під вітрилом

qimaade

рахувати

jangude

читати

jangude

вчитися

gollude

працювати

resde

одружуватися

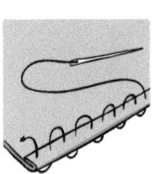

ñootde

шити

soccaade ɏiiɏe

чистити зуби

warde

убивати

simmaade

курити

neldude

посилати

raaɗo debbo
ся

taaniraaɗo gorko
дідуся

baabiraaɗo
батько

yummiraaɗo
мати

tiggu
немовля

biɗɗo debbo
донька

biɗɗo gorko
син

koɗo

гість

goggiraaɗo

тітка

kaawiraaɗo

дядько

mowniraaɗo gorko

брат

mowniraaɗo debbo

сестра

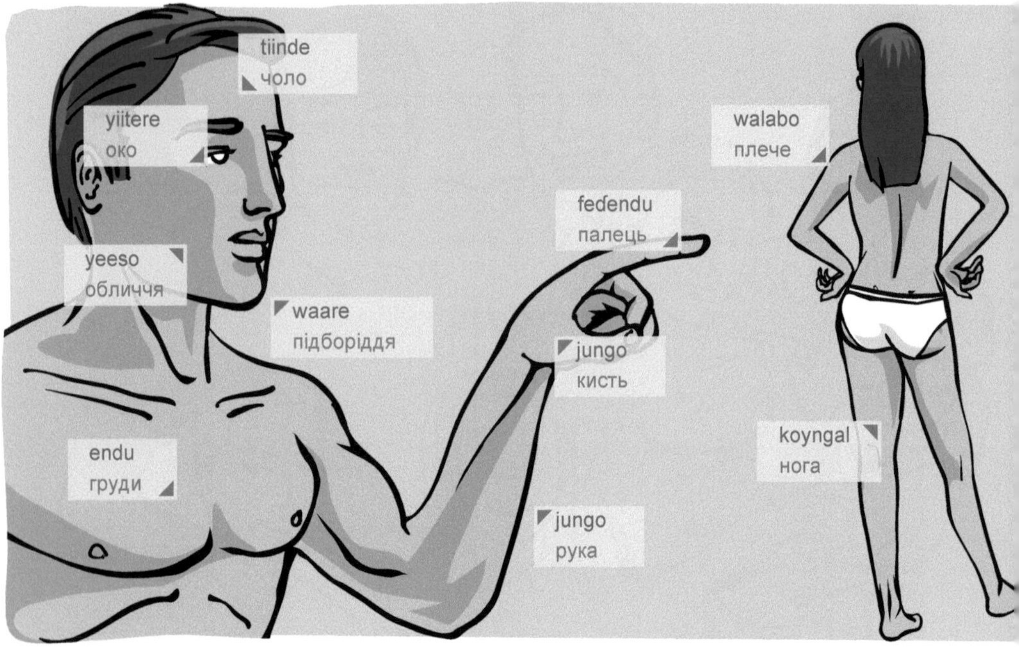

tiinde
чоло

yiitere
око

walabo
плече

fedendu
палець

yeeso
обличчя

waare
підборіддя

jungo
кисть

endu
груди

koyngal
нога

jungo
рука

tiggu

немовля

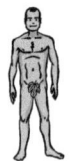

gorko

чоловік

debbo

жінка

deftere kongoli

дівчина

suka gorko

хлопчик

hoore

голова

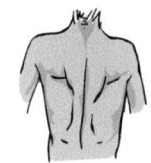

keeci

спина

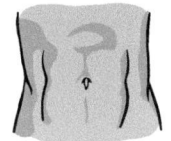

reedu

живіт

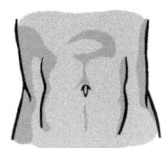

wuddu

пуп

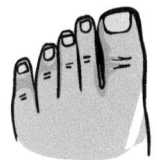

feɗendu koyngal

палець ноги

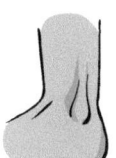

jabborgal

п'ята

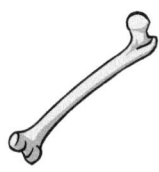

ƴiyal

кістка

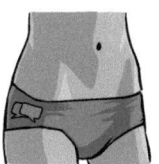

rotere

стегно

hofru

коліно

salndu junngu

лікоть

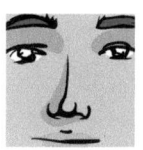

hinere

ніс

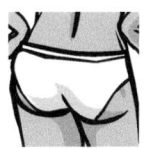

dote

сідниці

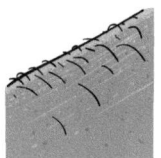

nguru

шкіра

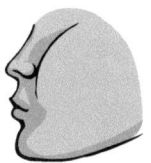

abbulo

щока

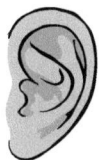

nofru

вухо

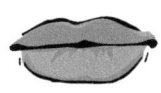

tonndu

губа

hunuko

рот

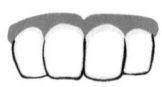

ñiire

зуб

ɗemngal

язик

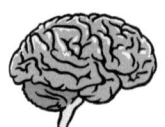

ngaandi

мозок

bernde

серце

yiyal

м'яз

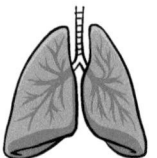

wecco

легені

heeñere

печінка

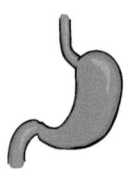

estoma

шлунок

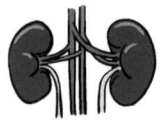

tekteki mawni

нирки

terɗe

статевий акт

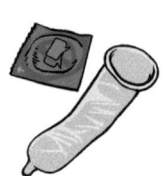

laafa ndeenka

презерватив

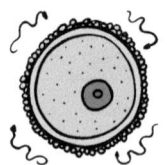

boccoonde maniya

яйцеклітина

maniya

сперма

reedu

вагітність

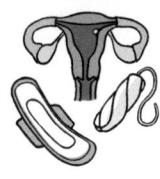

yii ́yam ella

менструація

farja

вагіна

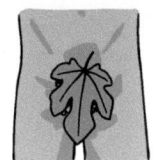

kaake

пеніс

leebi dow yiitere

брова

sukunndu

волосся

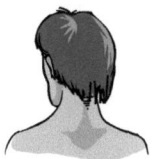

daande

шия

лікарня

suudu safirdu
лікарня
ambilans
машина швидкої допомоги
jooɗorgal degowal
інвалідний візок
kelal
перелом

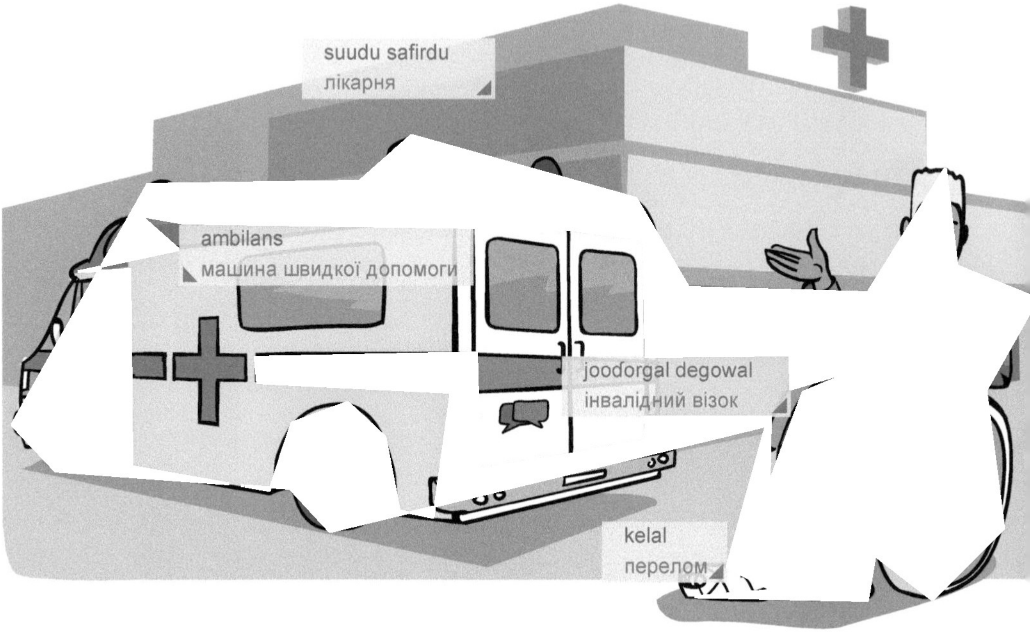

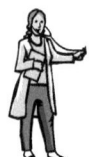

cafroowo

лікар

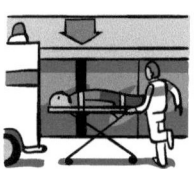

suudo irsaans

відділення швидкої медичної допомоги

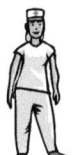

cafroowo

медсестра

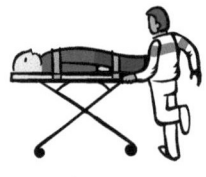

irsaans

аварійний випадок

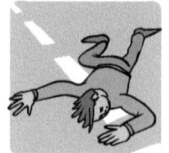

paɗɗiiɗo

непритомний

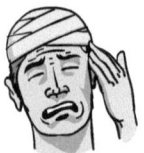

muuseeki

біль

gaañande

травма

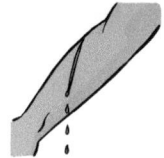

tuyƴude

кровотеча

bernde dartiinde

інфаркт

darogol ɓernde

інсульт

alersi

алергія

ɗojjugol

кашель

nguleeki bandu

лихоманка

maɓɓo

грип

reedu dogooru

пронос

muuseeki hoore

головна біль

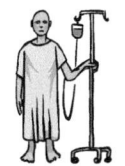

kanser

рак

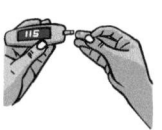

jabet

діабет

operasiyon

хірург

ceekirgel

скальпель

operasiyon

операція

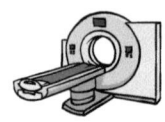

CT

КТ

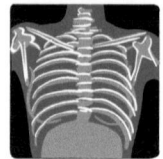

reyon-x

рентген

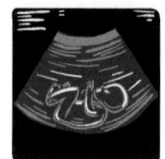

iltarason

ультразвук

mask yeeso

маска

ñaw

хвороба

suudu sabbordu

зал очікування

sawru tuggorgal

милиця

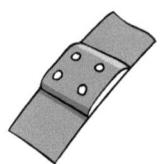

palatar

пластир

bandaas

пов'язка

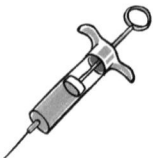

pikkitagol

ін'єкція

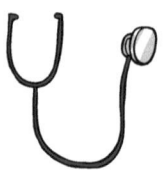

keɗirgel dille ɓandu

стетоскоп

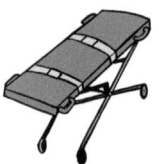

balankaaru

ноші

betirgel nguleeki ɓanndu

термометр

jibinegol

народження

ɓandu ɓurtundu

надмірна вага

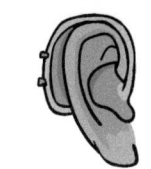

ballotirgel nonooje

слуховий апарат

desefektan

дезінфікуючий засіб

infeksiyon

інфекція

viris

вірус

HIV / SIDA

ВІЛ / СНІД

safaara

медицина

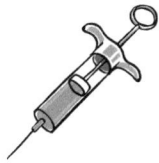

ñakko

вакцинація

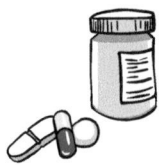

tabletuuji

таблетки

foɗɗere

протизаплідна пігулка

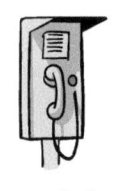

noddaango heñoraango

екстрений виклик

betirgel dogdu ƴiiƴam

тонометр

sellaani / salli

хворий / здоровий

tintinirgel

сигнал тривоги

jangol

напад

Paaboɗe!

Допоможіть!

yande e

атака

musiiba

небезпека

damal dandirgal

аварійний вихід

Paaboɗe!

Вогонь!

ñifirgel jeynge

вогнегасник

aksida

аварія

geɗe cafrorɗe gadane

аптечка

BALLAL

СОС

Polis

поліція

Erop

Європа

Amerik to Rewo

Північна Америка

Amerik to Worgo

Південна Америка

Afiriki

Африка

Asi

Азія

Ostarali

Австралія

Atalantik

Атлантика

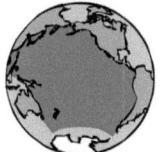

Pasifik

Тихий океан

Oseyan Enje

Індійський океан

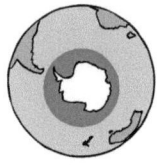

Oseyan Antarktik

Антарктичний океан

Osean Arkatik

Північний Льодовитий
океан

Bange Rewo

Північний полюс

Bange Worgo

Південний полюс

Antarktik

Антарктика

Leydi

Земля

leydi

суша

maayo mawngo

море

wuro nder ndiyam

острів

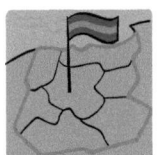

leydi

нація

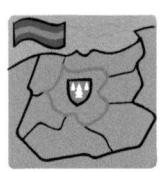

jamaanu

держава

yeeso montoor

циферблат

misalel waqtu

годинникова стрілка

misalel hojomaaji

хвилинна стрілка

misalel majanɗe

секундна стрілка

Hol waqtu jonɗo?

Котра година?

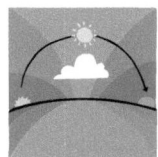

ñalawma

день

saha

час

jooni

зараз

montoor disitaal

цифровий годинник

hojom

хвилина

waqtu

година

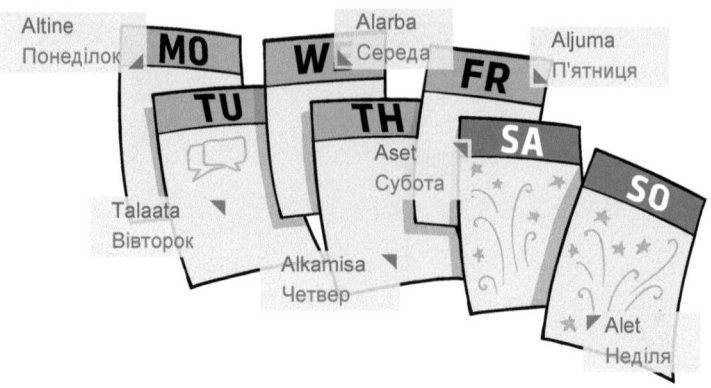

hanki

вчора

hande

сьогодні

jango

завтра

subaka

ранок

beetawe

опівдні

kikiiɗe

вечір

ñalawmaaji golle

робочі дні

ñalamaaji fooftere

кінець робочого тижня

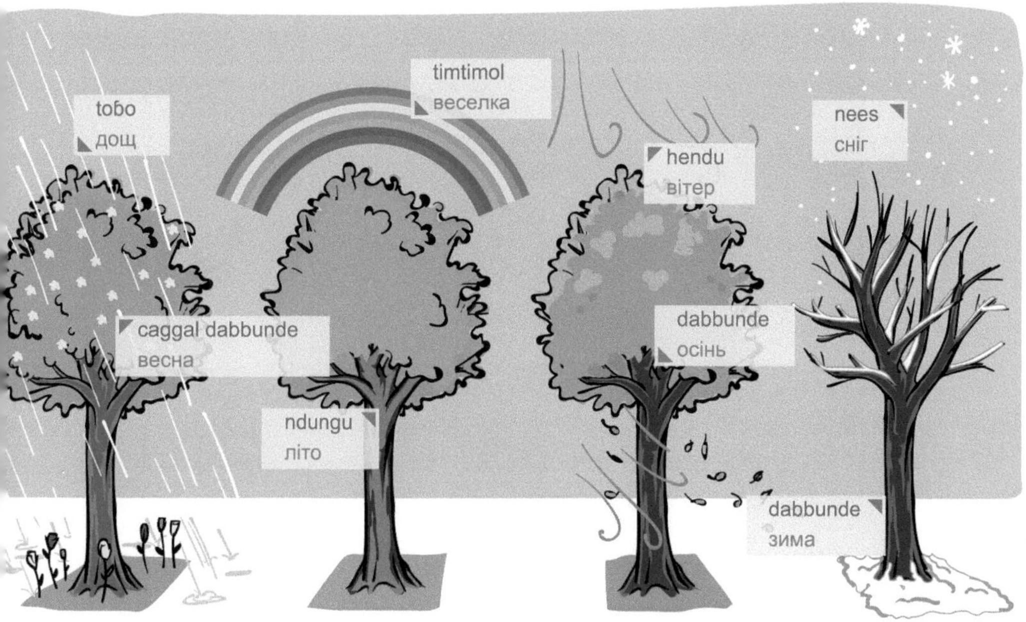

tоbо
дощ

timtimol
веселка

hendu
вітер

nees
сніг

caggal dabbunde
весна

dabbunde
осінь

ndungu
літо

dabbunde
зима

4.APRIL	11°	☀
5.APRIL	4°	🌧
6.APRIL	13°	⛅
7.APRIL	8°	❄
8.APRIL	10°	❄

kabrugol geɗe weeyo

прогноз погоди

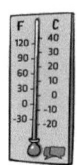

betirgal nguleeki

термометр

nguleeki naange

сонячне світло

duulal

хмара

niɓɓere niwri

туман

ɓuuɓol

вологість повітря

majaango

блискавка

gidango

грім

hendu yaduungo e gidaali

шторм

toɓo mawngo

град

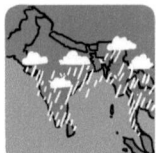

keneeli mawɗi

мусон

toɓo yooloongo

повінь

galaas

лід

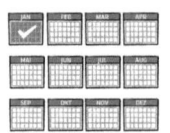

Janwiye

Січень

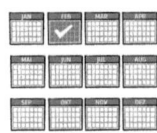

Feeviriye

Лютий

Mars

Березень

Awril

Квітень

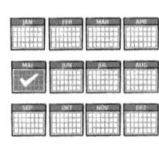

Me

Травень

Suwe

Червень

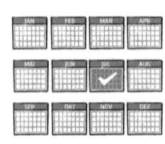

Suliye

Липень

Ut

Серпень

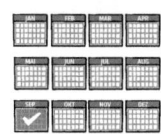

Setanbar

Вересень

Oktobar

Жовтень

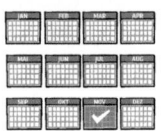

Noowambar

Листопад

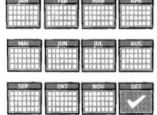

Desambar

Грудень

taariɗum

круг

bangeeji potɗi

квадрат

rektangal

прямокутник

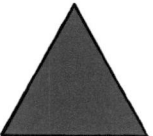

tiriyangal

трикутник

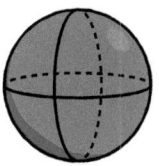

esfeer

куля

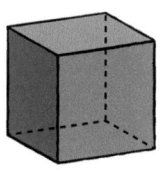

kib

куб

deneejo

білий

puro

жовтий

oraas

помаранчевий

roos

рожевий

boďeejo

червоний

yolet

фіолетовий

bulaajo

синій

werte

зелений

baka

коричневий

giri

сірий

ɓaleejo

чорний

heewi / famɗi

багато / мало

mittinɗo / deeyɗo

лютий / мирний

yooɗi / soofi

гарний / бридкий

fuɗɗorde / gasirde

початок / кінець

mawni / famɗi

великий / малий

leeri / ɗibbiɗi

світлий / темний

nawniraaɗo gorko / debbo

брат / сестра

laaɓi / tulmi

чистий / брудний

timmi / manki

завершений /
незавершений

ñalawma / jamma

день / ніч

mayi / wuuri

мертвий / живий

yaaji / ɓitti

широкий / вузький

ñaame / ñaametaake

їстівний / неїстівний

bonɗum / moyƴi

злий / дружній

weelti / deeyi

збуджений / нудьгуючий

ɓutto / cewɗo

товстий / тонкий

gadiiɗo / cakkitiiɗo

спочатку / востаннє

sehil / gaño

друг / ворог

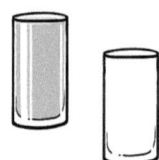

heewi / ɓolɗi

повний / порожній

tiiɗi / hoyi

жорсткий / м'який

teddi / hoyi

важкий / легкий

heege / ɗomka

голод / спрага

sellaani / salli

хворий / здоровий

dagaaki / dagi

незаконний / законний

ƴoyi / ƴiƴaani

розумний / дурний

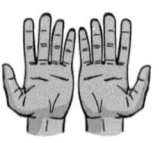

ñaamo / nano

вліво / вправо

ɓadi / woɗɗi

поруч / далеко

keso / kiiɗɗo

новий / використаний

haydara / huunde

нічого / щось

nayeeji / suka

старий / молодий

ne heen / ala heen

вкл / викл

udditi / uddi

відкрито / закрито

deeƴi / dilla

тихо / гучно

galo / baasɗo

багатий / бідний

feewi / feewaani

правильно / неправильно

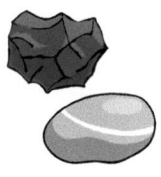

tekki / ɗaati

шорсткий / гладкий

suni / weelti

сумний / щасливий

dabbo / jutɗo

короткий / довгий

leeli / yaawi

повільно / швидко

leppi / yoori

вологий / сухий

wuli / ɓuubi

гарячий / холодний

hare / jam

війна / мир

0

meere

нуль

1

goo

один

2

didi

два

3

tati

три

4

nay

чотири

5

joy

п'ять

6

jeegom

шість

7

seedidi

сім

8

jeetati

вісім

9

jeenay

дев'ять

10

sappo

десять

11

sappo e goo

одинадцять

12

sappo e ɗiɗi

дванадцять

13

sppo e tati

тринадцять

14

sappo e naɣ

чотирнадцять

15

sappo e joy

п'ятнадцять

16

sappo e jeegom

шістнадцять

17

sappo e jeeɗiɗi

сімнадцять

18

sappo e jeetati

вісімнадцять

19

sappo e jeenaɣ

дев'ятнадцять

20

noogas

двадцять

100

teemedere

сто

1.000

ujunere

тисяча

1.000.000

miliyonŋ

мільйон

Angale

англійська

Angale Amerik

американська англійська

Mandare Siin

китайська
високочиновницька

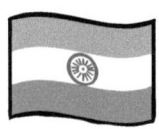

Indo

хінді

Español

іспанська

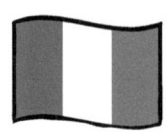

Farayse

французька

Arab

арабська

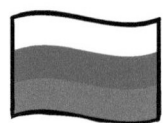

Riis

російська

Portige

португальська

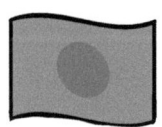

Bengali

бенгальська

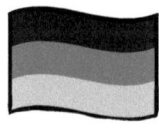

Alma

німецька

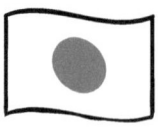

Sappone

японська

miin

я

ann

ти

kanŋko / kanŋko / kañum

він / вона / воно

minen

ми

onon

ви

kambe

вони

holi oon?

хто?

hol ɗum?

що?

hol no?

як?

hol toon?

де?

mande?

коли?

innde

ім'я

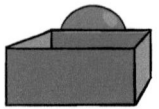

caggal

ззаду

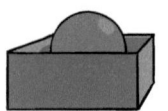

nder

в

yeeso

перед

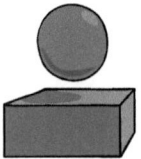

hedde

над

dow

на

les

під

sara

біля

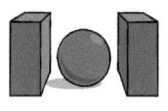

hakkunde

між

nokku

місце